BEI GRIN MACHT SICH IHR WISSEN BEZAHLT

Koordinations- und Beweglichkeitstraining. Eine ausführliche und wissenschaftlich fundierte Trainingsplanung

Ein Leitfaden

Juliane Bosse

Bibliografische Information der Deutschen Nationalbibliothek:

Die Deutsche Nationalbibliothek verzeichnet diese Publikation in der Deutschen Nationalbibliografie; detaillierte bibliografische Daten sind im Internet über http://dnb.d-nb.de abrufbar.

ISBN: 9783346920294
Dieses Buch ist auch als E-Book erhältlich.

Druck und Bindung: Books on Demand GmbH, Norderstedt Germany
Gedruckt auf säurefreiem Papier aus verantwortungsvollen Quellen

Das vorliegende Werk wurde sorgfältig erarbeitet. Dennoch übernehmen Autoren und Verlag für die Richtigkeit von Angaben, Hinweisen, Links und Ratschlägen sowie eventuelle Druckfehler keine Haftung.

Das Buch bei GRIN: https://www.grin.com/document/1379613

Deutsche Hochschule für
Prävention und Gesundheitsmanagement
Hermann-Neuberger-Sportschule 3
66123 Saarbrücken

Hausarbeit

Name, Vorname	Bosse, Juliane
Studiengang	Fitnessökonomie
Studienmodul	Trainingslehre III
Datum Präsenzphase (siehe Ergebnisdokumentation)	21.02.-23.02.2022
Aufgabe	Erstellen Sie für eine beliebige Person eine Trainingsplanung für das Beweglichkeits- und Koordinationstraining.

Inhaltsverzeichnis

1 Personendaten

1.1 Datenlage und Gesundheitszustand

In der folgenden Tabelle werden die persönlichen Daten und der Gesundheitszustand der Klientin tabellarisch dargestellt.

Tab. 1: Allgemeine und biometrische Daten des Klienten

Parameter	Daten der Klientin
Geschlecht	Weiblich
Alter	40 Jahre
Körpergröße	170cm
Gewicht	70kg
Berufliche Tätigkeit	Lehrerin
Blutdruck	145/90 mmHg
Ruhepuls	60 Schläge/Minute
BMI (gemäß allgemein gültiger Formel: Körpergewicht : (Körpergröße)^2)	24,2
Anmerkungen zum Gesundheitszustand (Einnahme von Medikamenten, orthopedisch/internistische Probleme)	Katzenhaar-Allergie, desweiteren keine Vorerkrankungen und Einschränkungen bekannt, Medikamente: Anti-Babypille (Velafee, permanente Einnahme)
Trainingsmotive	Mehr Belastbarkeit im Alltag
Frühere sportliche Aktivitäten (inkl. Leistungsstufe und Trainingsumfang)	Rudertraining im Verein für 9 Jahre, 2-3x/Woche, gelegentlich Schwimmtraining (1x/2Wochen für ca 1 Stunde)
Aktuelle sportliche Aktivitäten (inkl. Leistungsstufe und Trainingsumfang)	20min Arbeitsweg mit dem Fahrrad (5x/Woche), 1 Stunde Radtour am Wochenende mit dem Mann
Zeitlicher Verfügungsrahmen	2x/Woche für 60-90min

In der nachfolgenden Tabelle (Tab. 2) werden die Grenzwerte zur Einstufung des BMI dargestellt.

Tab. 2: BMI-Tabelle

Kategorie	BMI (kg/m^2)
Leichtes Untergewicht	17-18,4
Normalgewicht	18,5-24,9
Übergewicht (Präadipositas)	25-29,9
Adipositas	>30

Der nachfolgenden Tabelle (Tab. 3) werden die Grenzwerte zur Einstufung des Blutdrucks dargestellt.

Tab. 3: Normwerte des Blutdrucks nach WHO

Kategorie	Systolisch (mmHg)	Diastolisch (mmHg)
Optimal	< 120	< 80
Normal	120-129	80-84
Hochnormal	130-139	85-89
Grad 1 Hypertonie	140-159	90-99
Grad 2 Hypertonie	160-179	100-109
Grad 3 Hypertonie	≥ 180	≥ 110

1.2 Bewertung der Daten

Die Testperson befindet sich in einem guten gesundheitlichen Zustand. Mit einer Körpergröße von 170cm und 70kg Körpergewicht, lässt sich mit einem BMI von 24,2 auf Normalgewicht schließen (Tab. 2: Übersicht der BMI Werte nach WHO). Es sind, abgesehen von der Allergie, keine Vorerkrankungen bekannt und der Körper ist durch die, ärztlich abgeklärte, Zufuhr der Anti-Babypille hormonell eingestellt und unterliegt keinen weiteren Schwankungen. Der Ruhepuls liegt mit 60 Schlägen/Minute im Normalbereich, welcher von 60-80 Schlägen/Minute (nach WHO) eingeordnet wird. Der Blutdruck von 145/90 mmHg verweißt auf Grad 1 Hypertonie (vergleich Tab. 3: Normwerte des Blutdrucks nach WHO). Durch den Beruf als Lehrerin hat die Klientin einen meist stehenden, aber nicht übermäßig aktiven Beruf. Ihr Alltag unterliegt leichten Ausdauerbelastungen, wie Radfahren. Insgesamt ist die Person gut belastbar und der verfügbare Trainingsrahmen kann zu einer langfristigen Festigung der Gesundheit, als auch ggf zur Verbesserung der Grad1 Hypertonie genutzt werden. Die Allergie führt zu keinen weiteren Einschränkungen.

2 Beweglichkeitstraining

2.1 Testung der Beweglichkeit

Im nächsten Schritt wird das Verfahren der Beweglichkeitsdiagnostig nach Janda (2000) durchgeführt. Es ist von Nöten, um die folgende Trainingsplanung individuell und zielführend gestalten zu können und portentielle Schwachstellen der Beweglichkeit der Klientin zu beurteilen. Hier werden auch muskuläre Schwächen analysiert und somit künftig berücksichtigt. Der manuelle Beweglichkeitstest bildet somit die Grundlage für die darauffolgende Planung.

Die folgende Tabelle stellt das manuelle Testverfahren der Beweglichkeit mit 5 Übungen nach Janda dar und beinhaltet die Testergebnisse der Klientin.

Tab. 4: Manueller Beweglichkeitstest (nach Janda, 2000)

Übung	Beschreibung der Testung	Auswertung des Tests (inkl. der Normwerte)	Ergebnis der Klientin
Testung der Brustmuskulatur (M. Pectoralis Major)	(nach Janda, 2000, S. 270) Während der Testung befindet sich die Klientin in der Rückenlage und Winkel die Beine, zur Fixierung des Beckens, an. Der Thorax wird durch leichten Zug auf Hand und Unterarm, diagonal weg und gegenüber der zu testenden Seite fixiert. Der zu testende Arm befindet sich in einem 90 Grad Winkel, abduziert zum Schultergelenk. Besonderes Augenmerk: Neutrale Position der LWS und permanenter Kontakt des Beckens mit dem Untergrund. Test- und Messbereich: Position des Oberarms zur Horizontalen.	(nach Janda, 2000, S. 271) Stufe 0: Keine Beweglichkeitsdefizite (Oberarm erreicht porblemlos Horizontale und kann durch leichten Druck von außen auch darunter Bewegt werden.) Stufe 1: Leichte Beweglichkeitsdefizite (Oberarm kann ausschließlich durch leichten Druck von außen in die Horizontale bewegt werden.) Stufe 2: Starke Beweglichkeits-Defizite (Oberarm erreicht die Horizontale auch mit zusätzlich ausgeübtem Druck nicht.)	Linker Arm: Stufe 1 Rechter Arm: Stufe 1
Testung der Hüftbeugemuskulatur (Speziell M. Iliopsoas)	(nach Janda, 2000, S. 258) Die Klientin nimmt in Rückenlage auf einer Behandlungsliege platz. Das Gesäß schließt mit der Liege ab und die Beine befinden sich somit im Überhang. Daraufhin werden die Beine einzeln angewinkelt und von der Klientin (bei Bedarf mit Unterstützung) maximal nah an den Körper gezogen. Besonderes Augenmerk: Fixierung vom Becken auf der Bank und LWS in neutraler Position. Test- und Messbereich: Position des Oberschenkels im Verhältnis zur Körperlängsachse.	(nach Janda, 2000, S. 259) Stufe 0: Keine Beweglichkeitsdefizite (Oberschenkel erreicht porblemlos Horizontale und kann durch leichten Druck von außen auch darunter Bewegt werden.) Stufe 1: Leichte Beweglichkeitsdefizite (leichte Hüftbeugestellung, Oberschenkel kann ausschließlich durch leichten Druck von außen bis zur Horizontale bewegt werden.) Stufe 2: Starke Beweglichkeits-Defizite (Oberschenkel erreicht die Horizontale auch mit zusätzlich ausgeübtem Druck nicht.)	Linkes Bein: Stufe 2 Rechtes Bein: Stufe 2
Testung der Kniestreckmuskulatur (Speziell M. Rectus Femoris)	(nach Janda, 2000, S. 258) Die Klientin nimmt in Rückenlage auf einer Behandlungsliege platz. Das Gesäß schließt mit der Liege ab und die Beine befinden sich somit im Überhang.	(nach Janda, 2000, S. 259) Stufe 0: Keine Beweglichkeitsdefizite (Unterschenkel hängt senkrecht hinab, durch Druck des Testers	Linkes Bein: Stufe 1

	Daraufhin werden die Beine einzeln angewinkelt und von der Klientin (bei Bedarf mit Unterstützung) maximal nah an den Körper gezogen. Das jeweilige Gegenbein wird im maximal möglichen Hüftextensionswinkel durch den Tester fixiert. <u>Besonderes Augenmerk:</u> Fixierung vom Becken auf der Bank und LWS in neutraler Position. <u>Test- und Messbereich:</u> Der Bereich zwischen Oberschenkel und Unterschenkel.	kann die Kniebeugung vergrößert werden. <u>Stufe 1:</u> Leichte Beweglichkeitsdefizite (Unterschenkel leicht nach vorn gestreckt, durch Druck des Testers kann ein Kniebeugewinkel von 90 Grad erreicht werden.) <u>Stufe 2:</u> Starke Beweglichkeits-Defizite (Unterschenkel deutlich nach vorn gestreckt, die 90 Grad des Kniebeugewinkels können auch durch Druck von außen nicht erreicht werden.	<u>Rechtes</u> <u>Bein:</u> Stufe 1
Testung der Kniebeugemuskulatur (Mm. Ischiocrurales)	(nach Janda, 2000, S. 261) Die Probandin legt sich, in Rückenlage, auf einen festen Untergrund und stellt eines der Beine so an, dass es im Hüft-Kniegelenk gebeugt ist. Das Bein, an dem der Test durchgeführt wird, wird vom Tester gestreckt nach oben, in die maximal mögliche Hüftflexion, geführt. <u>Besonderes Augenmerk:</u> Fixierung vom Becken auf der Unterlage und LWS in neutraler Position. Das zu testende Bein muss gestreckt bleiben. <u>Test- und Messbereich:</u> Der Bereich zwischen Beinachse und Hüftbeugewinkel.	(nach Janda, 2000, S. 262) <u>Stufe 0:</u> Keine Beweglichkeitsdefizite (Flexion des Hüftgelenks im Ausmaß von 90 Grad möglich.) <u>Stufe 1:</u> Leichte Beweglichkeitsdefizite (Flexion des Hüftgelenks zwischen 80 und 90 Grad möglich) <u>Stufe 2:</u> Starke Beweglichkeits-Defizite (Flexion des Hüftgelenks ausschließlich unter 80 Grad möglich)	<u>Linkes Bein:</u> Stufe 1 <u>Rechtes</u> <u>Bein:</u> Stufe 1
Testung der Wadenmuskulatur (Mm. Triceps Suare)	(nach Janda, 2000, S. 255) Die Klientin liegt in Rückenlage auf einer Bank. Ein Bein ist angestellt, das zu testende Bein ausgestreckt, wobei die disale Hälfte des Unterschenkels über die Behandlungsliege ragt. Der Tester greift mit einer Hand das Bein disal am Fersenbein, die andere Hand ergreift den Fuß von der Fußkante her und übt den Hauptzug distalwärts über die Ferse aus. Zudem lenkt der Daumen der anderen Hand des Testers achsengerechten Druck richtung Schienbein aus. Soll der M. Soleus isoliert getestet werden, wird nach erreichen maximaler Dorsalflexion das Knie gebeugt und der Zug von der Klientin zusätzlich verstärkt. So ist eine differenzierte Auswertung von M. Soleus und M. Gastrocnemius möglich. <u>Besonderes Augenmerk:</u>	(nach Janda, 2000, S. 255) <u>Stufe 0:</u> Keine Beweglichkeitsdefizite (Eine Dorsalfexion ist bis mindestens zur 0-Grad-Stellung möglich.) <u>Stufe 1:</u> Leichte Beweglichkeitsdefizite (Die 0-Grad-Stellung wird nicht erreicht, dennoch ist eine Dorsalflexion möglich.) <u>Stufe 2:</u> Starke Beweglichkeits-Defizite (Eine Dorsalflexion ist nur bis 10 Grad unterhalb der 0-Grad-Stellung möglich.	<u>Linker Fuß:</u> Stufe 0 <u>Rechter</u> <u>Fuß:</u> Stufe 0

Der Druck über den Daumen erfolgt am
äußeren Rand des Fußes.

Test- und Messbereich:

Winkel zwischen Fuß und
Unterschenkel, Möglichkeit und
Ausgeprägtheit der Dorsalfelxion.

2.2 Auswertung der Ergebnisse

Anhand der Tests lässt sich festhalten, dass die Klientin Defizite bezüglich ihrer Beweglichkeit aufweist. Vermutlich stammen diese aus einem wenig aktiven Lebensstil, indem nur wenige, gleichbleibende Bewegungsmuster, weit unter der ursprünglich für den Körper möglichen Bewegunsamplitude ausgeführt wurden. Sinn macht aufgrund dessen, die Planung von Krafttraining mit einem bewussten Fokus auf Ausführungen unter Last, über den komplett möglichen Bewegungsradius, der nachweislich zu einer besseren Beweglichkeit führen kann (Massey und Chaudet, 1956; Wickstrom, 1963). Wichtig ist hier jedoch zur erwähnen, dass der Forschungsbereich bezüglich der langfristigen Dehnung von Muskulatur und Sehnen lückenhaft und unklar ist. Der Fortschritt ist über die erhöhte Beweglichkeit und Belastbarkeit Gelenken und des umliegenden Gewebes zu erzielen (Freitas SR, et al., 2018). Ergänzend kann mit dynamischen und statischen Dehnübungen an den individuellen Verkürzungen gearbeitet werden, zudem empfiehlt sich ein Koordinationstraining. Die genauen Defizite liegen aktuell in den folgenden Bereichen: Brustmuskulatur, Stufe 1, beidseitig; Hüftbeugermuskulatur, Stufe 2, beidseitig, Kniestrecker- und Kniebeugemuskulatur, jeweils beidseitig, Stufe 1. Lediglich die Wadenmuskulatur weist keinerlei Verkürzungen, beim angewandten Testverfahren, auf.

3 Trainingsplanung Beweglichkeitstraining

3.1 Trainingsplanung des Beweglichkeitstrainings

Im folgenden Abschnitt erfolgt die Planung des Beweglichkeitstraining anhand der in Tab. 4 dargestellten Testergebnisse. Der Trainingsplan behinhaltet 10 verschiedene Übungen mit diversen muskulären Schwerpunkten. Die Dehnung erfolg zudem aktiv, passiv, statisch, dynamisch, postisometrisch (Übersicht zu den Unterschieden in Tab. 7).

Die Tabelle stellt eine Übersicht der Trainingswoche, Sätze und Wiederholungen/Dauer der Dehnung, dar. Die zeitliche Angabe weicht von der ursprünglichen Kapazität der Klientin ab, da das Krafttraining zusätzlich zu den hier aufgeführten Übungen geplant ist und erfolgen wird.

Tab. 5: Übersicht der Dehnungsplanung

Trainingsparameter	Individuelle Vorgabe
Trainingseinheiten pro Woche	2 Einheiten
Übungen	10 Übungen
Sätze und Wiederholungen pro Übung	3 Sätze mit je 15 Wiederholungen und 30s Haltedauer/Belastungsdauer
Intensität der Dehnung	Maximale Intensität, großteils statisch, das Anfängerin Krafttraining und leicht durchführbar
Weitere Inhalte	Koordinationstraining, Krafttraining Ganzkörper

Die ausführliche und vollständige Planung des Dehnungstrainings wird in der folgenden Tabelle (Tab. 6) aufgeführt. Alle Übungen werden an 2 Tagen/Woche für 3 Sätze ausgeführt.

Tab. 6: Detaillierte Planung der Dehnungsübungen

Nr.	Methode der Dehnung	Name und/oder Beschreibung der Bewegung	Zielmuskulatur	Belastungsgefüge
1	Form: aktiv Arbeitsweise: Statisch	Dehnung der rückseitigen Oberschenkelmuskulatur, stehend. 1. Beine leicht beugen, das Becken nach hinten absenken. 2. Ein Bein in Schrittstellung nach vorn aufstellen und strecken. Hinteres Bein bleibt gebeugt. 3. Dehnposition wird über Vorbeugung des Oberkörpers und kippen des Beckens eingenommen. Wirbelsäure verweilt in individuell-neutraler Position. 4. Die Dehnung wird statisch gehalten.	M. Biceps Femoris (zweiköpfiger Oberschenkelmuskel) M. Semimembranosus (Plattensehnenmuskel) M. Semitendinosus (Halbsehnenmuskel)	Trainingshäufigkeit pro Woche: 2 Sätze pro Übung: 3 Dehndauer: 45 Sekunden Intensität: Individuelle Dehnungs-grenze
2	Form: aktiv Arbeitsweise: statisch	Dehnung der vorderen Oberschenkelmuskulatur, stehend. 1. Im Stand wird ein Bein nach hinten angehoben und das Sprunggelenk mit der gleichseitigen Hand umfasst. Die Ferse befindet sich nun auf Gesäß-Höhe. 2. Um die statische Dehnposition einzunehmen, wird das Becken gekippt und die Ferse maximal stark zum Gesäß gezogen.	M. Quadriceps Femoris (vierköpfiger Oberschenkelmuskel)	Trainingshäufigkeit pro Woche: 2 Sätze pro Übung: 3 Dehndauer: 45 Sekunde Intensität: Individuelle Dehnungs-grenze

3	Form: aktiv Arbeitsweise: dynamisch	Dehnung der Hüftbeugemuskulatur im Kniestand. 1. Ausgangssituation der Übung im Kniestand. 2. Ein Bein wird mit Beugung im Kniegelenk nach vorn gestellt, der Fuß befindet sich vor dem Knie. 3. Der Unterschenkel des anderen Beins hat Kontakt zur Matte, die Arme stützen sich auf das vordere Bein ab. 4. Durch die Verlagerung des Körperschwerpunks nach vorn-unten wird die Dehnposition eingenommen. 5. Die Position wird, durch die dynamische Ausführung, zwischen den einzelnen Widerholungen gelöst und danach erneut eingenommen.	M. Iliopsoas (Lendendarmbein muskel) M. Rectus Femoris (gerader Oberschenkelmus kel)	Trainingshäufigkeit pro Woche: 2 Sätze pro Übung: 3 Dehndauer: 15 Widerholungen Intensität: Individuelle Dehnungs-grenze
4	Form: aktiv Arbeitsweise: statisch	Dehnung der Brustmuskulatur, stehend. 1. Hinter dem Körper werden beide Hände miteinander verschränkt, dabei zeigen die Handflächen zueinander. 2. Bei unveränderter Körperhaltung wird die Dehnposition durch das heben der Hände nach oben eingenommen. 3. Da es sich um eine statische Übung handelt, wird die Position gehalten.	M. Pectoralis Major (großer Brustmuskel) M. Biceps Brachii (zweiköpfiger Oberarmmuskel) M. Deltoideus Pars Calvicularis (Delat-muskel, vorderer Anteil)	Trainingshäufigkeit pro Woche: 2 Sätze pro Übung: 3 Dehndauer: 45 Sekunden Intensität: Individuelle Dehnungs-grenze
5	Form: aktiv Arbeitsweise: dynmiasch	Dehnung der Nackenmuskulatur, stehend. 1.Mit Blickrichtung nach vorn wird der Kopf zur Seite geneigt. 2. Die der Kopfneigung gegenüberliegende Seite, wird für die Dehnung aktiv nach unten gezogen. 3. Die Position wird statisch gehalten.	M. Trapecius Pars Descendens (Trapezmuskel, oberer Anteil)	Trainingshäufigkeit pro Woche: 2 Sätze pro Übung: 3 Dehndauer: 15 Wiederholungen Intensität: Individuelle Dehnungs-grenze
6	Form: aktiv Arbeitsweise: statisch	Rückseitige Oberarmmuskulatur, stehend. 1. Ein Arm wird mit maximal gebeugtem Ellenbogengelenk seitlich neben dem Kopf platziert. 2. Die Hand des anderen Armes umgreift den Ellenbogen und zieht ihn zur Kröpermitte. 3. Der Blick zeigt geradeaus. 4. Die Position wird statisch gehalten.	M. Triceps Brachii (dreiköpfiger Oberarmmuskel)	Trainingshäufigkeit pro Woche: 2 Sätze pro Übung: 3 Dehndauer: 45 Sekunden Intensität: Individuelle Dehnungs-grenze
7	Form: aktiv Arbeitsweise: statisch	Dehnung der seitlichen Rumpfmuskulatur im Seitgrätschstand. 1. Die Arme werden, bei aufrechtem Brustkorb, verschränkt über den Kopf geführt und nach oben gestreckt.	M. Latissimus Dorsi (breiter Rückenmuskel) M. Obliquus Externus Abdominis	Trainingshäufigkeit pro Woche: 2 Sätze pro Übung: 3 Dehndauer: 45 Sekunden

		2. Bei gerade Beckenachse wird der Körper, für das Einnehmen der Dehnposition, zur Seite geneigt. 3. Die Position wird statisch gehalten.	(äußerer schräger Bauchmuskel) M. Obliquus Internus Abdominis (innerer schräger Bauchmuskel)	Intensität: Individuelle Dehnungsgrenze
8	Form: aktiv Arbeitsweise: statisch	Dehnung der Rückenstrecker im Vierfüßlerstand. 1.Die Einnahme der Dehnposition erfolgt in zwei Schritten. Zuerst wird die Bauchmuskulatur angspannt. Daraufhin erfolg die Wölbung der Wirbelsäule nach oben hin, der Bewegungsradius ist individuell. 2. Die Posititon wird statisch gehalten.	Mm. Erector Spinae (kurze Rückenmuskulatur, medialer Trakt) Mm. Erector Spinae (mittellange Rückenmuskulatur, medialer Trakt) Mm. Erector Spinae (lange Rückenmuskulatur, medialer Trakt)	Trainingshäufigkeit pro Woche:: 2 Sätze pro Übung 3 Dehndauer: 45 Sekunden Intensität: Individuelle Dehnungsgrenze
9	Form: passiv Arbeitsweise: statisch	Dehnung der Gesäßmuskulatur in Rückenlage 1.Ein Bein wird aufgestellt, das andere Bein an der Hüfte nach außen Rotiert und mit der Fessel auf dem Knie des anderen Beines platziert. 2. Die Händer umgreifen den Oberschenkel des stehenden Beines kurz unter dem Knie. 3. Der Trainer drückt nun das Standbein, was sich vom Boden löst, in Richtung des Körpers. 4. Die Dehnung wird statisch gehalten.	M. Glutaeus Maximus (großer Gesäßmuskel) M. Gluateus Medius (mittlerer Gesäßmuskel) M. Glutaeus Minimus (kleiner Gesäßmuskel)	Trainingshäufigkeit pro Woche: 2 Sätze pro Übung: 3 Dehndauer: 45 Sekunden Intensität: Individuelle Dehnungs-grenze
10	Form: aktiv Arbeitsweise: postisometrisch	Dehnung der Adduktoren, sitzend. 1. Die Beine werden ausgestreckt vor dem Körper platziert. Die Arme stabilisieren die Position und werden nach hinten abgestützt. 2. Die Dehnung erfolgt durch das Spreizen der Beine. Für eine stärkere Dehnung kann der Oberkörper zusätzlich nach vorn geneigt werden. 3. Bei der postisometrischen Dehnung Zuerst wird eine leichte Dehnungsposition eingenommen, die nach kurzer Haltedauer, durch die kontraktion der Muskulatur, verstärkt wird. Anschließend wird die Muskulatur kurz entspannt und zum Abschluss statisch gehalten. (Sölveborn 1983, S. 13).	M. Adduktor Brevis (kurzer Schenekanzieher) M. Adduktor Longus (langer Schenkelanzieher) M. Adduktor Magnus (großer Schenkelanzieher) M. Gracilis (schlanker Muskel) M. Pectineus (Kammmuskel)	Trainingshäufigkeit pro Woche: 2 Sätze pro Übung: 3 Dehndauer: 45 Sekunden (Isometrische Kontraktion 6 Sekunden, Entspannung 2 Sekunden, Dehnposition 15 Sekunden Intensität: Individuelle Dehnungs-grenze

Die folgende Tabelle dient als zusammenfassende Übersicht der einzelnen Dehnungsmethoden. Grundstruktur modifiziert nach Schönthaler und Ohlendorf, 2002, S. 20.

Tab. 7: Übersicht Dehnungsmethoden

Dehnmethode	Merkmale laut Definition
Dynamisch	Durch gerinde Bewegunsamplitude, aktives, aber kontrolliertes verlassen und wiedereinnehmen der Dehnungsposition.
Statisch	Die Dehnungsposition wird über die komplette Ausführung der Dehnung gehalten und erst nach deren Ende verlassen.
Postisometrisch	Zuerst wird eine leichte Dehnungsposition eingenommen, die nach kurzer Haltedauer, durch die kontraktion der Muskulatur, verstärkt wird. Anschließend wird die Muskulatur kurz entpsannt und zum Abschluss die Dehnposition, dynamisch oder statisch, eingenommen und statisch gehalten. (Sölveborn 1983, S. 13)
Aktiv	Erfolgt durch das Anspannen der antagonistischen Muskulatur.
Passiv	Erfolgt durch Außeneinwirken (Anpannung antagonistischer Mukulatur demnach nicht nötig.)
aktiv-passiv	Kombination aus aktiver und passiver Dehnmethode. Also das Anspannen der antagonistischen Muskulatur, in Kombination mit der Verstärkung der Dehnung von außen.

3.2 Begründung der Übungsauswahl und Struktur

Insgesamt wurden 10 Dehnübungen ausgewählt, die alle für die Klientin relevanten mehrgelenkige Muskelgruppen ausgeglichen berücksichtigen. In den zuvor stattgefundenen Testungen (nach Janda 200) wurden in vielen Bereichen leichte Defizite bis starke Defizite der Beweglichkeit festgestellt. Desweiteren befindet sich die Kundin in guter körperlicher Verfassung und ist belastbar. Das Ziel, die Verbesserung der allgemeine Fitness, lässt sich also zeitnah, Voraussetzung ist hier natürlich immer die gleichbleibend gute Gesundheit, realisieren. Die Grad1 Hypertonie hat keinen negativen Einfluss auf das beschriebene Dehnungstraining, die Klientin ist hier unter regelmäßiger ärztlicher Aufsicht. Der Plan beinhaltet mehr statische als dynamische Elemente, da es sich um eine Anfängerin handelt und die Reize, in den meisten Fällen, bewusster gewählt und wahrgenommen werden können. Zudem sind wenige passive Übungen geplant worden, da Kundin meist allein trainieren wird, eine Alternative wurde jedoch im persönlichen Gespräch erläutert. Die Waden wurden als Muskelgruppe ausgelassen, da keine Defizite vorhanden sind und bei Kraftübungen in dem Bereich der maximaler Bewegunsradius ausgereizt wird. Die Trainingsfequenz wurde mit 2x/Woche an die verfügbaren zeitlichen Kapazitäten angepasst und entspricht demnach dem, für eine Progression nötigem, Minimum nach Franco, Signorelli, Trajano und De Oliveira 2008.

Größere Defizite der Beweglichkeit in Hüftbeugemuskulatur wurden durch einen extra Satz/Einheit Berücksichtigt, potentielle Anpassungen der Frequenz werden nach engmaschigen Tests angepasst. Die postisometrische Dehnmethode ist als Test in den Plan integriert worden und wird anfangs nur unter Aufsicht des Trainers durchgeführt, da sie, durch ihre Komlexität, ein hohes Potential für Fehler liefert. Alle Übungen werden in individuell maximaler Dehnposition für bestmöglichen und zügigen Fortschritt durchgeführt. Die Grundlage dazu liefert Marschall 1999, S.8. Die 15 Wiederholungen bei 3 Sätzen bei dynamischen Übungen, wurden nach Freiwald 2004 gewählt. Priorität hatte dabei eine schneller Besserung, der im Testverfahren ermittelten Einschränkungen, um persönliche Ziele effizient und ohne zeitlichen Verzug umsetzen zu können. Nach Wiemann und Klee 2000 wird das Dehnungstraining nach weiteren sportlichen Aktivitäten durchgeführt, um das Risiko potentieller Verletzungen zu minimieren.

4 Trainingsplanung Koordinationstraining

4.1 Trainingsplanung Koordinationstraining

Im Folgenden findet die, aus 10 Übungen bestehende, Planung des Gleichgewichtstrainings der Klientin statt. Eine Zusammenfassung ist in der Tabelle 8 (Tab. 8: Übersicht des Koordinationstraining) dargestellt. Die Ausführliche Planung hingegen in Tabelle 9 (Tab. 9: Trainingsplanung des Koordinationstrainings) zu finden.

Tab. 8: Übersicht des Koordinationstrainings

Trainingsparameter	Individuelle Vorgabe
Trainingseinheiten pro Woche	2 Einheiten
Übungen	10 Übungen
Sätze und Wiederholungen pro Übung	3 Sätze mit je 2-15 Wiederholungen und 30s statischer Haltedauer/Belastungsdauer
Satzpausen	45 Sekunden
Weitere Trainingsinhalte	Krafttraining Ganzkörper, Dehnungstraining

In der folgenden Tabelle ist die Planung des Koordinationstrainings, die auf Grundlage der anfänglichen Anamnese erfolgte, dargestellt.

Tab. 9: Trainingsplanung des Koordinationstrainings

Nr.	Übung, Untergrund, Arbeitsform	Übungsbeschreibung	Equipment	Belastungs-parameter
1	**Übung:** Einbeinstand mit Verlagerung des Körper-schwerpunktes **Untergrund:** stabil **Arbeitsweise:** statisch	**Ausgangsposition:** In der Ausgangsposition befindet sich die Klientin in annährend hüftbreitem Stand (aufgrund individueller anatomischer Gegebenheiten angepasst), die Blickrichtung ist geradeaus und der Rumpfbereich ist fest angespannt. Der Fuß des Standbeines bleibt während der kompletten Bewegungsausführung unter Spannung im Boden verankert. **Ausführung:** 1. Ein Bein wird, leicht angewinkelt, nach vorn angehoben. 2. Die Position wird kurz statisch gehalten, bis ein sicherer Stand angesteuert werden kann. 3. Der Körperschwerpunkt wird in verschiedene Richtungen verlagert und in der jeweiligen Endposition gehalten.	Kein Equipment	**Trainingshäufigkeit /Woche:** 2 **Sätze/Übung:** 3 **Satzpausen:** 45 Sekunden **Belastungsdauer:** 2 Wiederholungen, pro Bewegungsrichtung
2	**Übung:** Einbeinstand mit Schwingen des Spielbeins und gegenläufigem Schwingen der Arme **Untergrund:** stabil **Arbeitsweise:** dynamisch	**Ausgangsposition:** In der Ausgangsposition befindet sich die Klientin in annährend hüftbreitem Stand (aufgrund individueller anatomischer Gegebenheiten angepasst), die Blickrichtung ist geradeaus und der Rumpfbereich ist fest angespannt. Der Fuß des Standbeines bleibt während der kompletten Bewegungsausführung unter Spannung im Boden verankert. **Ausführung:** 1. Es wird die Standbein-Spielbein-Position eingenommen. 2. Das Spielbei wird kontrolliert vorwärts und rückwärts geschwungen, die Arme schwingen gegenläufig mit.	Kein Equipment	**Trainingshäufigkeit /Woche:** 2 **Sätze/Übung** 3 **Satzpausen** 45 Sekunden **Belastungsdauer:** 15/Seite
3	**Übung:** Einbeinstand mit Ballrollen um den Rumpf **Untergrund:** stabil **Arbeitsweise:** dynamisch	**Ausgangsposition:** In der Ausgangsposition befindet sich die Klientin in annährend hüftbreitem Stand (aufgrund individueller anatomischer Gegebenheiten angepasst), die Blickrichtung ist geradeaus und der Rumpfbereich ist fest angespannt. Der Fuß des Standbeines bleibt während der kompletten Bewegungsausführung unter Spannung im Boden verankert. **Ausführung:** 1. Ein Bein wird leicht angewinkelt und nach vorn angehoben. 2. Ein Ball wird als Hilfsmittel hinzugezogen und kreisförmig von Hand zu Hand um den Rumpf gereicht. 3. Nach 10 Runden erfolgt ein Richtungswechsel.	Ball	**Trainingshäufigkeit /Woche:** 2 **Sätze/Übung:** 3 **Satzpausen:** 45 Sekunden **Belastungsdauer:** 10 Wiederholungen/Seite

13/20

4	Übung: Sitzende Gewichtsverlagerungen auf dem Fitball Untergrund: instabil Arbeitsweise: statisch	Ausgangsposition: Die Klientin setzt sich mittig auf einen Fitball. Der Bauch ist fest angespannt, die Wirbelsäule befindet sich somit in individuell-neutraler Position und die Blickrichtung zeigt geradeaus. Ausführung: 1.Es wird ein stabiler Sitz auf dem Ball eingenommen. 2. Unter statischer Bauchspannung wird das Körpergewicht in verschiedene Richtungen verlagert und kurz in der jeweiligen Position gehalten.	Fitball	Trainingshäufigkeit /Woche: 2 Sätze/Übung: 3 Satzpausen: 45 Sekunde Belastungsdauer: 2 Widerholungen pro Bewegungs-richtung
5	Übung: Rollen über den Fitball Untergrund: instabil Arbeitsweise: dynamisch	Ausgangsposition: Die Klientin steht beidbeinig vor dem Fitball, welcher sich eine Armlänge entfernt vor ihr befindet. Der Bauch ist fest angespannt. Ausführung: 1.Die Arme werden nach vorn auf den Fitball gelegt, der Oberkörper folgt gestreckt der Bewegung. 2. Das Becken wird nach vorn geschoben und der Körper zusätzlich über den Unterarmstütz auf dem Ball stabiliesiert. 3. Über den Bauch erfolgt eine Rollbewegung, durch die die Übung in der Liegestützposition, mit dein Unterschenkeln auf dem Ball, endet.	Fitball	Trainingshäufigkeit /Woche: 2 Sätze/Übung: 3 Satzpausen: 45 Sekunden Belastungsdauer: 15 Widerholungen
6	Übung: Einbeinstand mit Impulsgebung durch einen Partner Untergrund: stabil Arbeitsweise: statisch	Ausgangsposition: In der Ausgangsposition befindet sich die Klientin in annähernd hüftbreitem Stand (aufgrund individueller anatomischer Gegebenheiten angepasst), die Blickrichtung ist geradeaus und der Rumpfbereich ist fest angespannt. Der Fuß des Standbeines bleibt während der kompletten Bewegungsausführung unter Spannung im Boden verankert. Der Trainingsparter oder Trainer befindet sich neben der Klientin. Ausführung: 1. Ein Bein wird, leicht angewinkelt, nach vorn angehoben. 2. Von der Seite oder schräg-hinten gibt der Partner nun, auf Schulterhöhe, unangekündigt leichte Druckbewegungen mit seiner Hand ab. Die Intensität wurde im Vorfeld mit der Klientin abgesprochen und angepasst. 3. Die Klientin versucht das Gleichgewicht und die Spannung bestmöglich zu halten.	Partner	Trainingshäufigkeit /Woche 2 Sätze/Übung 3 Satzpausen 45 Sekunden Belastungsdauer 30 Sekunden
7	Übung: Einbeinstand mit Gleichgewichtsstabilisierung gegen unterschiedliche Zugbewegungen	In der Ausgangsposition befindet sich die Klientin in annähernd hüftbreitem Stand (aufgrund individueller anatomischer Gegebenheiten angepasst), die Blickrichtung ist geradeaus und der Rumpfbereich ist fest angespannt. Der Fuß des Standbeines bleibt während der kompletten Bewegungsausführung unter Spannung im Boden verankert. Der	Partner Theraband	Trainingshäufigkeit /Woche: 2 Sätze/Übung: 3 Satzpausen: 45 Sekunden Belastungsdauer:

	des Partners mit Theraband Untergrund: stabil Arbeitsweise: statisch	Trainingsparter oder Trainer befindet sich neben der Klientin. Ausführung: 1. Ein Bein wird, leicht angewinkelt, nach vorn angehoben. 2. Der Partner befestigt ein Theraband um die Hüfte der Klientin und übt, in verschiedenen Intensitäten und zeitlichen Abständen, Zugbewegungen aus. 3. Nach einem Durchgang wird die Position gewechselt, sodass von vor, hinten und der Seite Zugbewegungen ausgeführt werden können und stabilisiert werden müssen.		30 Sekunden pro Bewegunsrichtung
8	Übung: Einbeinstand mit Ball prellen Untergrund: stabil Arbeitsweise: dynamisch	Ausgangsposition: In der Ausgangsposition befindet sich die Klientin in annährend hüftbreitem Stand (aufgrund individueller anatomischer Gegebenheiten angepasst), die Blickrichtung ist geradeaus und der Rumpfbereich ist fest angespannt. Der Fuß des Standbeines bleibt während der kompletten Bewegungsausführung unter Spannung im Boden verankert. Ausführung: 1.Ein Bein wird, leicht angewinkelt, nach vorn angehoben. 2. Es wird ein Ball, auf der Seite des Spielbeines, in die Hand genommen und auf dem Boden gedribbelt. 3. Währenddessen wird die Körperspannung gehalten.	Ball	Trainingshäufigkeit /Woche: 2 Sätze/Übung: 3 Satzpausen: 45 Sekunden Belastungsdauer: 30 Sekunden
9	Übung: Einbeinstand mit Verlagerung des Spielbeins und des Oberkörpers in die Horizontale Untergrund: stabil Arbeitsweise: dynamisch	Ausgangsposition: In der Ausgangsposition befindet sich die Klientin in annährend hüftbreitem Stand (aufgrund individueller anatomischer Gegebenheiten angepasst), die Blickrichtung ist geradeaus und der Rumpfbereich ist fest angespannt. Der Fuß des Standbeines bleibt während der kompletten Bewegungsausführung unter Spannung im Boden verankert. Ausführung: 1. Ein Bein wird, leicht angewinkelt und nach hinten gestreckt. 2. Dieses Bein und der Oberkörper werden in die Horizontale verlagert, während die Körperspannung im Rumpf gehalten wird.	Kein Equipment	Trainingshäufigkeit /Woche: 2 Sätze/Übung: 3 Satzpausen: 45 Sekunden Belastungsdauer: 10 Wiederholungen/Seite
10	Übung: Beidbeinige Stand-stabilisation und Kniebeuge auf dem Therapiekreisel Untergrund: instabil Arbeitsweise:	Ausgangsposition: Die Füße der Klientin werden mittig auf dem jeweiligen Therapiekreisel platziert. Die Körperhaltung ist aufrecht, der Kopf zeigt geradeaus und der Bauch ist angespannt. Ausführung: 1. Es wird eine sichere Standposition eingenommen. 2. Die Klientin führt langsam und kontrolliert eine Kniebeuge aus. Da es sich um eine Trainingsangängerin handelt wird, besonders in den ersten Wochen, dringed das	2 Therapie-Kreisel	Trainingshäufigkeit /Woche: 2 Sätze/Übung: 3 Satzpausen: 45 Sekunden Belastungsdauer: 10 Wiederholungen

| Dynamisch | Beisein eines Trainers empfolen, um die Übung schnell und sicher lernen zu können. |

4.2 Begründung der Trainingsplanung des Koordinationstrainings

Koordinationstraining erfolgt zur Schulung der motorischen Fähigkeiten der Trainingsanfängerin.

Propriozetives Training ist die spezifische Schulung der Koordination und somit ein wichtiger Teilsapekt dieser. Sie zielt auf die Verbesserung der Tiefensensibilität, die Körperwahrnehmung und die reflektorische Muskelaktivität mit Hilfe aktiver und passiver Bewegungen ab (Häfelinger und Schuba, 2007, S. 21-24).

Der Aufbau des Plans erfolgte nach Chwiloski, 2006, S. 60 ff.; Häfelinger und Schuba, 2007, S. 61. Aufgrund des hohen koordinativen Anspruchs wird das Training zu Beginn der jeweiligen Einheit absolviert. Davor erfolgt lediglich eine kurze Erwärmung (Dauer abhängig von der Tagesform zwischen 5 und 10 Minuten am Ausdauergerät).

Der Plan beinhaltet viele statische Übungen mit stabilem Untergrund, da die Trainingsanfängerin und keine Erfahrungen im Kraft- und Koordinationstrainingsbereich aufweist. Der Schwierigkeitsgrad der Übungen steigert sich im Laufe der Trainingseinheit von wenig anspruchsvoll bis anspruchsvoll, da zu Beginn die Ansteuerung der Muskulatur im Fokus liegt und geschult wird (Chwiloski, 2006, S. 56-58). So werden auch immer mehr dynamische Übungen und Equipment, sowie Störfaktoren integriert. Dies ist wichtig, um jederzeit eine qualitativ hochwertige Bewegung gewährleisten zu können. Die Belastungsparameter wurden nach Chwilkowski, 2006, S. 61 und Häfelinger und Schuba, 2007, S. 61 angepasst. Es wurde sich, aufgrund des Trainingsstandes der Kundin, am unteren Ende der Skala orientiert. Der Plan wird allerdings regelmäßig an den Leistungsstand der Kundin angepasst.

5 Literaturrecherche

In der folgenden Tabelle (Tab. 10) werden Informationen und Ergebnisse zweier Studiem zum Thema „Effekte des Dehnens auf die Muskellänge" dargestellt.

Tab. 10: Literaturrecherche

Studie A	Studie B

Titel	Effects of a stretching protocol for the pectoralis minor on muscle length, function, and scapular kinematics in individuals with and without shoulder pain	Can chronic stretching change the muscle-tendon mechanical properties? A review
Autor	Rosa DP, et al	Freitas SR, et al.
Druchgeführt von	Dayana P Rosa , John D Borstad, Lívia S Pogetti, Paula R Camargo	S R Freitas, B Mendes, G Le Sant , R J Andrade, A Nordez, Z Milanovic
Publikation (Jahr)	2017	2018
Versuchspersonen/Studien (bei Metaanalysen)	50 Personen (25 mit Schulterschmerzen, 25 ohne Schulterschmerzen)	26 Studien, Personengruppen jeden Alters
Versuchsaufbau	Parallelgruppen-intervention mit wiederholten Messungen	Systematische Übersichtsarbeit mit Metaanalyse. Die verwendetetn Studien hatten eine Dauer von 3 bis 8 Wochen und eine durchschnittlicher Gesamtzeit unter Dehnung von 1165 Sekunden pro Woche.
Ziel der Untersuchung	Die Bewertung der Auswirkungen eines Dehnungsprotokolls auf Funktion, Muskellänge und Schulterblattkinematik bei Probanden mit und ohne Schulterschmerzen.	Die Feststellung, ob chronisches Dehnen die strukturellen Eigenschaften von Muskeln und Sehnen verändert.
Ergebnisse	Die Scores für Arm-, Schulter- und Handbehinderungen verringerten sich ($p < 0.05$) in der Patientengruppe nach der Intervention. In beiden Gruppen wurden keine Unterschiede ($P > 0.05$) für die PM-Länge gefunden. Die vordere Neigung des Schulterblatts erhöhte sich ($p < 0.05$) bei 90° Flexion in der gesunden Gruppe.	Kleine Effekte wurden für das maximal tolerierte passive Drehmoment beobachtet, aber triviale Effekte wurden für den Dehnungswiderstand der Gelenke, die Muskelarchitektur, Muskelsteifheit und Sehnensteifheit beobachtet.
Schlussfolgerung(en)	Das PM-Dehnungsprotokoll veränderte weder die PM-Länge noch die Kinematik des Schulterblatts bei Probanden mit oder ohne Schulterschmerzen. Schmerzen und Funktion der oberen Extremitäten verbesserten sich jedoch bei Patienten mit Schulterschmerzen.	Bei den meisten Variablen zeigte sich eine große Heterogenität. Dehnungseingriffe mit 3- bis 8-wöchiger Dauer scheinen weder die Muskel- noch die Sehneneigenschaften zu verändern, erhöhen aber die Dehnbarkeit und Toleranz gegenüber einer größeren Zugkraft. Anpassungen an chronische Dehnungsprotokolle, die kürzer als 8 Wochen sind, scheinen hauptsächlich auf sensorischer Ebene zu erfolgen.

6 Literaturverzeichnis und Tabellenverzeichnis

6.1 Literaturverzeichnis

Chwilkowski, C. (2006). Medizinisches Koordinationstraining – Verbesserung der Haltungs- und Bewegungskoordination durch Propriozeption (2. Aufl.). Köln: Deutscher Trainer Verlag.

Franco, B. L., Signorelli, G. R., Trajano, G. S. & De Oliveira, C. (2008). Acute effects of different stretching exercises on muscular endurance. Journal of Strength and Conditioning Research, 22 (6), 1832–1837.

Freitas, S. R.; Mendes, B.; Le Sant, G.; Andrade, R. J.; Nordez, A.; Milanovic, Z. (2018): Can chronic stretching change the muscle-tendon mechanical properties? A review. In: Scandinavian journal of medicine & science in sports 28 (3), S. 794–806.

Freiwald, J. (2004). Dehnen – Legenden, Fakten. Vortrag, Waldenburg.

Häfelinger, U. & Schuba, V. (2007). Koordinationstherapie - propriozeptives Training (Wo Sport Spaß macht, 3., überarb. Aufl). Aachen: Meyer & Meyer.

Janda, V. (2000). Manuelle Muskelfunktionsdiagnostik (4. Aufl.). München: Urban & Fischer.

Mancia, G., Fagard, R., Narkiewicz, K., Redón, J., Zanchetti, A., Böhm, M. et al. (2013). 2013 ESH/ESC Guidelines for the management of arterial hyperten sion. The task force for the management of arterial hypertension of the Euro pean Society of Hypertension (ESH) and of the European Society of Cardiol ogy (ESC). Journal of Hypertension, 31(7), 1281-1357.

Marschall, F. (1999). Wie beeinflussen unterschiedliche Dehnintensitäten kurzfristig die Veränderung der Bewegungsreichweite? Deutsche Zeitschrift für Sportmedizin, 50 (1), 5–9.

Massey, B. A. & Chaudet, N. L. (1956). Effects of systematic, heavy resistance exercise on range of movement in young adults. Research Quaterly for Exercise and Sport, 27, 41–51.

Rosa, Dayana P.; Borstad, John D.; Pogetti, Lívia S.; Camargo, Paula R. (2017): Effects of a stretching protocol for the pectoralis minor on muscle length, function, and scapular kinematics in individuals with and without shoulder pain. In: Journal of hand therapy : official journal of the American Society of Hand Therapists 30.

Schönthaler, S. R. & Ohlendorf, K. (2002). Biomechanische und neurophysiologische Veränderungen nach ein- und mehrfach seriellem passiv-statischem Beweglichkeitstraining (Wissenschaftliche Berichte und Materialien / Bundesinstitut für Sportwissenschaft, 1. Aufl.). Köln: Sport und Buch Strauß.

Wiemann, K. & Klee, A. (2000). Die Bedeutung von Dehnen und Stretching in der Aufwärmphase vor Höchstleistungen. Leistungssport, 30 (4), 5–9.

Wickstrom, R. L. (1963). Weigth training and flexibility. Journal of Health, Physical Education and Recreation, 34 (2), 61–62.

Wordl Health Organisation. (2000). Obesity: Preventing and Managing the Global Epidemic – WHO Technical Report Series.

6.2 Tabellenverzeichnis

BEI GRIN MACHT SICH IHR WISSEN BEZAHLT

- Wir veröffentlichen Ihre Hausarbeit,
  Bachelor- und Masterarbeit

- Ihr eigenes eBook und Buch -
  weltweit in allen wichtigen Shops

- Verdienen Sie an jedem Verkauf

Jetzt bei www.GRIN.com hochladen
und kostenlos publizieren